부끄럼 타는 태양

임성순 시인은 2023년 계간 ≪리토피아≫로 등단했다. 막비시동인으로 활동하고 있으며, 문화해설사, ISO 심사원으로 일하고 있다.

e메일 : aegiscon@hanmail.net

리토피아포에지 · 148
부끄럼 타는 태양

인쇄 2023. 6. 25 발행 2023. 6. 30
지은이 임성순 펴낸이 정기옥
펴낸곳 리토피아
출판등록 2006. 6. 15. 제2006-12호
주소 21315 인천시 부평구 평천로255번길 13, 903호
전화 032-883-5356 전송032-891-5356
홈페이지 www.litopia21.com 전자우편 litopia@hanmail.net

ISBN-978-89-6412-***-* 03810
값 14,000원

임성순 시집

부끄럼 타는 태양

리토피아
LITERATURE & UTOPIA

시인의 말

얼마 전 부모님 묘소에 다녀왔다.
시인이 되어 다시 올 거라고 약속했다.
어머니께서 속으로 웃으셨을 것이다.

어릴 적부터 엉뚱한 구석이 있더라니,
지놈 환갑 때 퀴즈대한민국에 출연시켜주질 않나,
궁궐에서 해설한다고 깜짝 놀라게 하지를 않나,

이젠 시인이 되겠다니,
박수나 쳐줘야지 하실 것이다.

2023년 5월
임 성 순

차례

제1부

제2부

제3부

제4부

제5부

| 제1부 |

꽃방귀

남녘엔 꽃들이 향기 나는 방귀를 뀐단다.
조양방직터엔 사람 꽃들로 흐드러진다.

시새움에 겨워서 비 뿌리고 추워진단다.
봄이란 녀석의 심통은 이무기를 닮았다.

걱정도 요구도 거절도 아무 의미는 없다.
꽃방귀에 취하고 주님酒任을 영접해보자.

에라 조물주 겨드랑이도 간지럽혀보자.
웃다 방귀 뀌다 놀래 여름을 보내줄 거다.

색경*

하늘이다 땅이다 바다다.
온 세상을 비춰준다.

독수리다 적토마다 흰수염고래다.
날개옷도 입혀준다.

생명이다 희망이다 꿈길이다.
살아보라 힘을 준다.

* 거울의 방언.

고양이를 키우자

동물들이 부리는 애교가 인간을 놀라게 한다.
애완동물의 범위는 한계를 정할 수가 없단다.

아침 무렵엔 떼로 몰려와서 애정을 표시한다.
애정의 농도는 받아보지 않으면 알 수가 없다.

일방적인 짙은 관심은 상대를 불편하게 한다.
사양하려 하는 그 순간 동물학대법에 걸린다.

정중하게 예의를 갖춰서 그 사랑에 보답하자.
고양이를 키우는 것이 충분한 보답이 될 거다.

고양이 만세다.

마스크 시대

약국 앞에서 곰인형이 밤새도록 불침번을 선다.
황사에 찌들어 희끄므레 노래진 약사옷을 입었다.

주인 약사가 깜박하고 밖에 내놓고는 가버렸다.
이 우라질 약사놈아 내게도 마스크 좀 씌워주라.

왜

새와 비행기는 날개가 있어 하늘을 날아다닌다.

동물과 버스는 다리가 있어 땅에서 돌아다닌다.

물고기와 배는 다리 날개가 없어 물에서만 산다.

사람은 꿈이 있어서 물에서도 하늘에서도 산다.

하얀 거짓말

비가 오니 몸과 마음이 푹 젖어 동작이 굼뜨다.

만나자는 이 없는 심심한 오후에 연락이 왔다.

아들이 저녁 먹자고 해 발 아파 못 간다 했다.

두 녀석이 놀라자빠져서 이리저리 난리가 났다.

꽃이 철퍼덕

꽃이 철퍼덕 떨어진다 떨어지는 것을 본다.

꽃은 떨어질 때마다 먼저 퍽 소리를 낸다.

꽃의 퍽 소리를 듣다가 나도 억 소리를 낸다.

떠날 때는 말이 없다

비가 오면 화려한 꽃들도 지상으로 떨어진다.
떨어진다고 하여도 꽃들은 불평하지 않는다.

비 온 후의 거리엔 화려한 꽃차들만 달려간다.
별똥별 되어 사라질지라도 떠날 때는 말이 없다.

비 잦아든 아침

공기가 선선한 게 마음에 쏙 드는 아침이다.
비도 잦아드니 옷 젖을 일은 없는 아침이다.

밥 익는 소리가 구수하게 들려오는 아침이다.
흑미로 밥 지어 백미에서 벗어나는 아침이다.

안쓰러운 소식에 동병상련을 앓는 아침이다.
생노병사 이기는 항우장사도 없는 아침이다.

밥솥에선 먹고 살라고 소리 지르는 아침이다.

비 오는 아침

촉촉한 입맞춤에 오감이 화들짝 깨어난다.
빨주노초파남보 화사한 버섯들이 피어난다.

꽃잎들이 춥다고 안아달라고 앙탈을 부린다.
네 이년 이제야 떠났던 그 품이 그리웁더냐.

네가 부른다고 하여 부르지 않는다고 하여
뛰어가지 않을 남자 세상에 어디 있겠느냐.

비는 버려진 마음

인연은 가느다란 줄이다.
쇠심줄보다 질긴 줄이다.
삶도 가늘고 질긴 줄이다.

바람이 불어제끼는데 비가 내린다.
줄 위에서 마냥 뛰며 해맑게 논다.
주인 없어도 불붙은 듯 타고 있다.

동지冬至

동지란 놈이 한파를 몰고 왔나 보다.
매년 잊을 만도 한데 어김없이 찾아온다.

사람들을 깊게 파인 밭고랑으로 만든다.
행동도 굼떠지고 말도 점점 느려터진다.

팥죽은 누가 쒀주나 빨간 목폴라를 걸쳐본다.
나 아직 살아 있다고 살아 숨 쉰다고 해본다.

늙은이에게도 산타를

세월이 모든 것을 가져간다는 건 바보 같은 소리지요.
하느님도 못 뺏어가는 건 하느님이 주신 선물이라서지요.
아이들에겐 꿈과 사랑이 있고 산타가 있어 행복하지요.
올 십이월에는 늙은 어린이들에게도 산타 좀 보내주세요.

눈이 오신단다

눈은 아무도 모르게 바람 타고 살며시 오시겠지.

터질 것 같은 사랑의 마음을 가득 안고 오시겠지.

꽃무늬 드레스를 입고 함박지게 웃으며 오시겠지.

세상이 아예 묻혀버릴 정도로 한꺼번에 오시겠지.

공짜는 좋은 것이여

눈이 오는데 고양이 두 마리 앞서거니 뒤서거니 한다.
미끄러워서 벌벌 기는데도 두 연인 부축이 필요 없다.

먼저 가시라고 짐짓 비켜서서 가던 길을 양보해 주었다.
눈 내리는 날은 푸근하여 땅도 사람들도 하나가 된다.

하늘은 인심도 좋아서 지상에 하얀 롱패딩을 입혀준다.
공짜는 좋은 것이여, 이빨도 안 들어갈 소리 내뱉는다.

미친 척하자

노래소리가 듣기 좋아 가던 걸음을 멈추었다.
고개를 들어 올려다보니 예쁜 목소리가 튄다.

야 이 미친놈아 뭘 봐,
자신이 넘치는 멘트다.

대꾸가 궁하여 목소리가 안으로 기어들어 간다.
정신병동 지나다가 미친놈 된다고 잃을 건 없지.

이사 간 비둘기

하늘에 외로운 비둘기날개구름이 애처롭다.

친구 갈매기 없는 하늘이 더욱 새초롬하다.

길바닥을 뒤지던 비둘기 둥지 하늘로 옮겼다.

탈피

아름다운 뱀이 마실을 나와 허물을 벗는다.

뱀의 껍데기에 앉은 잠자리도 허물을 벗는다.

그녀도 무슨 생각이 들었는지 문득 탈피한다.

열린 마음

로미오가 애타게 절규한다 창문을 열어다오.
줄리엣이 쏘아부친다 당신 마음부터 여세요.

못 가는 곳 없는 마음을 괜히 가둬두고 산다.

늦깎이

진달래가 피었네.
혼자 피었네.

왜 늦게 피었을까.
물었네.

내 삶이라네.
관심 갖지 말라 하네.

| 제2부 |

주전자 인생

주전자는 마음이 넓어서 모든 것을 담아 끓인다.
물도 담고 술도 담고 인간도 담고 세상도 담는다.

주전자에 물을 끓였으나 따라봐도 나오지 않는다.
그냥 끓이라고 물도 붓지 않고 채근만 한 탓이다.

물을 붓기만 하면 몸이 빨갛도록 끓여줄 것이었다.

참 좋은 당신

그냥 이름만 불러봐도 입이 즐겁네요.

그냥 불러주기만 해도 귀가 즐거워요.

그냥 바라보기만 해도 눈이 불붙어요.

헛물켠 날

가을이 시름시름 하는데 햇살은 벤치를 달구어댄다.
대공원이 추워졌다는 핑계로 바람은 꼬리를 감추고,

꼬리에 꼬리 무는 인파 속에서도 여자들 꼬리는 없다.

비눗방울 찬란한데 아이보다 젊은 엄마가 더 신이 났다.
볼 수도 잡을 수도 먹을 수도 없는 가을 헛물 키고 간다.

물레방아

물레방아가 이 빠진 시어머니 잔소리처럼 돌아간다.

비가 내린다 쏴, 꽃이 떨어진다 쏴, 곧 겨울이다 쏴.

그녀의 두껍고 하얀 마스크 속에서 입술이 춤을 춘다.

사시나무가 떨어대니 바람도 덩달아 마음껏 흔들린다.

사랑의 벌

바오밥 나무가 두 발을 들고 하늘 향해 사죄를 드리네.
두 손을 펼친 게 아니라 나가도 너무 나가 벌 받는 것이네.

신은 나무를 사랑하셨는데 너무 나대니까 벌 주신 거라네.
신이여 너무 혼내진 마시고 견딜 수 있을 만큼만 주세요.

탈을 쓰자

탈, 탈, 탈, 가끔은 탈을 쓰자.

탈, 탈, 탈, 인간의 탈을 쓰자.

말꽃

제철이 아닌데 말꽃이 화려하게 피어난다.
예쁜 꽃도 덜 예쁜 꽃도 자랑이 한창이다.
봐달라고 고개를 빼고 흐드러지게 피었다.
이 생명은 밤새 아무도 모르게 시작되었다.

조조가 극장에

개봉관 준개봉관을 제외한 거의 모든 극장에 동시상영 조조할인이라는 프랭카드가 걸려 있었지. 삼국지를 즐겨 읽던 어린 시절에 조조는 왜 극장에서 할인을 하는지 궁금하기도 하고 당황하기도 했었지.

꿈 많고 호기심이 많았던 어린 시절 조조할인으로 동시상영 두 편을 보고 또 볼 수 있다는 것은 횡재도 그런 횡재가 없었지. 때론 동네 형들을 따라 몰래 극장에 숨어 들어가기도 했고, 낯 모르는 어른들에게 같이 손잡고 들어가 달라고 애원도 했었지.

새벽 공동수돗가에 모여 졸린 눈 비벼대며 어제 본 영화얘기를 했지. 그 당시 서부영화가 많이 나와서 서부왕자 케리쿠퍼, 바드랑카스타, 하고 노래도 부르곤 했지, 영웅이지, 나도 그런 사람 되고 싶었지.

그렇게 조조가 새벽부터 어린아이들을 꾀던 꿈같던 시절은 지나갔고, 이제 늙고 꼬부라진 몸과 마음만 남아있지만 재미난 기억이지. 어라, 유비와 제갈량은 어디로 가고, 관운장은 한의원에서 침을 맞고 있나 보다.

쎈 밤

밤이 지나고 나자 나뭇잎이 많이 늙었다.
칙칙한 색깔로 일순간에 바뀌어 버렸다.
늦은 가을밤 추위가 힘이 쎄긴 쎈가보다.

밤이 지나고 나자 나뭇잎이 많이 퍼렇다.
싱싱한 색깔로 일순간에 바뀌어 버렸다.
이른 봄밤이 세상을 살리기도 하나보다.

똥통 세상

똥통을 평생 안고 다니면서 무거운지도 모르지. 시원하게 배설하면 좋을 텐데 안 죽으려고 먹고 채우고 적당히 똥으로 남기지. 고상한 척과 미사여구는 그들만의 특권이지.

회사들도 똥통을 닮아서 그렇게 살아가지. 은행대출 갚을 수 있어도 비상시를 대비한다며 안 갚지. 금융권과 신뢰관계가 아니라 아양 부리며 살아가지. 필요악이라 부르면서 적당한 긴장관계를 유지하지.

겉만 깨끗하다고 해서 깨끗한 게 아니지. 내공이 깊지 않으면 사람들이 겉모습에 홀려버리지. 함께 똥통 속으로 빨려 들어가지. 스스로 똥의 포로가 되어 황홀경에 빠져버리지.

선한 표정과 냄새를 피는 똥통에는 더 몹쓸 것도 있지. 다른 똥통들보다 더 많은 똥파리들을 불러 모으지. 썩어도 된통 썩은 똥통들의 천국을 만들지. 언제든지 속을 통통하게 채우고 있지.

시간을 죽이자

봄 여름 가을이 갈 즈음에 고통이 묵직하게 후려친다. 풍성함을 주다가도 심통을 부리고 보상을 요구한다.

신은 장난기로 뭉쳐있어서 그 생각을 가늠할 수가 없다. 인간의 행복을 빌어주다가도 즐겁게 노는 걸 볼 양이면, 심통이 발동하는 걸 보니 아무리 봐도 놀부 형님이다.

언제 어디서든 즐거움도 슬픔도 잊어서는 안 될 것이다. 그렇지만 너무 슬픔에 빠져서 허우적거리지는 말자. 삶은 존엄하기 때문에 계속 이어져야만 한다.

시간을 죽이자, 이를 악물고 참고 견디자. 시간을 죽이는 것은 시간뿐이다. 죽여서 새로움을 보상받자.

생각은 강물처럼 흐르는데 강물에서 무얼 건지란 말이냐.

승객 뜸한 어느 지하철역

에스컬레이터 네 대가 승객의 발인데 두 대는 묵언 수행 중이다. 허공을 가르는 두 대는 빈 하늘에 소리를 질러대는 놈과 말없이 눈을 내리깐 놈이다

공회전하거나 침묵하는 이유가 다 있겠지. 전기료 낭비를 하자는 건지, 절약을 위해서인지는 그들의 판단에 맡기자.

어쭙잖은 훈수보다는 차라리 꿀 먹은 벙어리가 되는데, 벙어리들은 꿀을 무척 좋아하나 보다. 곰도 꿀을 좋아하지만 벙어리는 없던데 인간은 왜 벙어리가 될까.

사람들에게 편하고 쉬운 길을 알려줬는데, 그 길이 그들이 걸었던 길만큼 편치 않은가 보다. 꼭 낀다고 꼬끼오 한마디씩 던지고 간다.

사람의 손길을 기다리는 것은 사람만이 아니어서, 기계도 사람의 손길이 그리워 수시로 고장이 나고 고쳐진다.

엘리베이터 두 대는 하품을 한다.

고양이를 사러 간다

다리가 뻣뻣하고 근육이 뭉치고 고통이 쏟아진다. 몸을 뒤틀지도 못하게 하니 고통이 이만저만이 아니다. 새벽이 되면 괴롭기 그지없다. 죽을만한 병도 아니기에 남 보기 웃으운 일이다.

옛날에 아버지도 쥐가 나서 힘들어 하셨는데, 그 곁에서 나는 손 놓고 있었으니 큰 불효자였다. 고통을 덜어드릴 방법도 모르고 병원에 모실 수도 없었다. 나이 들어 후회해 본들 소용은 없으니 내가 그 모양이다.

쥐는 나도록 내가 만든 것인데 애꿎게 쥐만 탓을 한다. 쥐들이 쥐권을 침해했다고 공개소송 하면 대책이 없다. 병원에 가도 뾰족한 수가 없다. 마그네슘이 부족하단다.

내가 의사가 되는 것이 상책이다. 생활을 바꿔보는 것이다. 마음도 섭생방법도 바꾸어 살 있는 방법을 찾아봐야 한다. 마음과 몸의 주인은 나인데 주인 행동거지가 한심스럽다. 말만 앞세우고 행동이 안 따르니 나이값도 못한다.

쉬운 방법을 찾자. 에라 고양이라도 키워보자.

어머니의 은비녀

어머니의 몸이고 마음이었던 낡은 은비녀,
남대문 전차정류장에서 어느 놈이 채갔지.

묘소 찾을 때마다 사다 드릴 걸 때늦은 후회,
자식의 미안한 마음을 은비녀라고 받아주세요.

철딱서니 없는 늙은 막내아들의 낭패스러움이,
그날 낭패스럽던 어머니의 표정을 떠올립니다.

숫자의 힘

오늘은 8월 18일 생명의 숫자네.

18, 18, 18, 18, 18, 18, 18, 18, 18,
18, 18, 18, 18, 18, 18, 18, 18, 18,
18, 18, 18, 18, 18, 18, 18, 18, 18,

뇌까리기만 해도 힘이 불끈 솟네.

나는·1

나는 팔십을 바라보는 늙다리 돼지다.
적당히 꼰대질을 하지만 영혼은 자유롭다.
정의를 찾는 척하면서도 적당히 비겁하다.

나는 서정시인이고 자칭 저항시인이다.
어느 한쪽에 치우치기도 끼어들기도 싫다.
간섭에 반항하다가 때마다 얻어터진다.

슬리퍼 발가락에 끼고 까딱까딱 춤추러 간다.
땅바닥이든 방바닥이든 대침으로 그림을 그리는,
내 뜨거운 가슴은 지구를 살만큼 엄청 비싸다.

나는·2

나는 돼지띠이지만 호적으로는 소띠이다.

누구는 호적신고도 제대로 못했다고 내 부모 욕하지만,
육이오 피란통에 살아남은 것만도 얼마나 다행한 일인가.

투쟁

힘이 남아있고 숨을 쉴 수 있다면 싸워라.
너희는 하늘에서 떨어져 나온 외계인이다.
싸우다 죽을 영혼이 없는 국민의 몽둥이다.

마지막 수업, 마지막 밤

국토를 잃고 말과 글과 역사도 잃었다. 재임기간 해놓은 치적이라면 국민을 편 가르고 아픈 가슴 후벼파고 코로나로 수많은 국민 생이별 죽음 속으로 몰아넣었다. 공무원이 적군에게 눈앞에서 화장당해도 눈뜬 청맹과니였다. 헤벌어진 벙어리로 그 아들 고교생에겐 말장난이나 쳤다. 마지막이란 단어가 꼭 나쁜 것만은 아닌 듯 말과 글과 역사를 배우겠다고 계몽시켰다. 국민들이 패거리 천민정신에 넌더리가 나서 정권 바꾸게도 했고, 그래도 국가에 대한 개념만은 2분법적으로 선택적 사고로 남겨놓아 싸움질을 시켰다. 그리고도 잘난 표정으로 자랑질하고 있으니 마지막 수업 이후 프랑스는 영토와 말과 글과 역사를 되찾고 위대한 자유국가로 새롭게 태어났는데, 마지막 밤에 구중심처에서 무슨 생각을 하며 지냈을까. 그동안 국가와 국민에게 저지른 해악에 대해 괴로워서 잠을 못 잤을까. 양쪽 머리 사용하는 내가 한쪽 머리만 굴리는 그 머리랑 비교할 필요는 없으렷다.

대설大雪

태양이 한바탕 난장판을 벌인다.

겨울은 부끄러워 얼굴만 붉힌다.

| 제3부 |

봄망녕 드셨슈

인간에게는 왜 팔이 두 개 있어야 해요.
조물주에게 궁금한 얼굴로 물어봤지요.

남자의 팔 하나는 자신을 위한 것이고
다른 팔은 타인을 위하라고 준비했단다.

여자의 팔 하나는 어린아이를 어르라고
다른 팔은 남자를 달래주라고 준 것이다.

기도 안 찬다 조물주가 여자로 바뀌었다.
따뜻한 봄철이 다가오니 봄망녕 드셨네.

외발자전거를 타던 어머니

꽃수레 끌고 간다 꽃가마 걸어간다 꽃자전거 굴러간다.
아가도 봄이요 세상도 봄이요 봄꽃도 봄이요 봄도 봄이다.
바람 까르르 햇빛도 까르르 향기도 까르르 엄마도 까르르.

위험한 개구리

봄봄봄봄 봄이 왔다고 사람들이 한껏 노래를 한다.
나른하고 피곤한 몸일 텐데 봄 맞으라 등도 떠민다.
혼자가 좋은데 억지로 일어나 노래하고 춤추란다.

경칩 전에 솟아오르다 보니 위험한 개구리 되었다.

덕지덕지한 여름날

덕지덕지한 화장이 어울린다고 덕지덕지 웃어준다.
돌아가던 풍차도 제멋대로 돌다가 덕지덕지해진다.
딱따구리도 덩달아 뚜르르뚜르르 덕지덕지해진다.
신바람 난 바람개비도 손짓발짓으로 덕지덕지하다.
달리고 싶은 자전거는 빨갛게 부어터져 덕지덕지하다.
꼬리 묶인 아기호랑이도 벌떡 일어나 덕지덕지해진다.

너도 덕지덕지다 나도 덕지덕지다 세상도 덕지덕지다.

춘삼월春三月

개구리가 팔짝 단다.
더 자고 싶은데 등 떠밀려 난리다.

제발 잠 좀 더 자자.

그런데 애야, 삼월이가 왔단다.
난리 부르스를 추면서 왔단다.

허공의 개구리

허공에 개구리 한 마리 뜬다.

개구리가 개구리로 이어진다.
올챙이가 올챙이로 이어진다.
개구리와 개구리가 뛰어논다.

개구리알이 허공에서 춤춘다.

독불장군

끝이란 단어는 늘 끝이다.

시작만 달랑거리는 끝이다.
끝만 딱 남아있는 끝이다.

사실 앞뒤가 없는 전차다.

말이 있어

헤어진다는 말이 있어 일찌감치 헤어진다.
기다린다는 말이 있어 기약없이 기다린다.
절망한다는 말이 있어 평생동안 절망한다.

반려견만도 못해

개를 안고 온 아즈매들의 목소리가 은밀하다.

남편이 반려견만도 못해.

화들짝 놀란 겨울 대공원이 얼굴을 붉힌다.

겨울 대공원 · 1

130점에 30등이라니 발가락으로 친 거다.
보링 좀 친다 하는 목소리가 후줄근하다.

목소리와 발가락이 모두 감기가 들었다.

겨울 대공원 · 2

호수 앞 시화전이 끝물이라 한가하다.
목을 빼고 한참을 읽고 또 읽는 사람이 있다.
정적 속에 아우라지 뱃소리가 들려온다.

어느 스케이트장

듬성듬성 어지럽게 기계충을 앓는다.
여기저기 옮아 땜통도 여기저기다.
바리깡 소독을 제대로 안 한 탓이다.

색깔이 다른 고양이 두 마리가 걷는다.
앞서거니 뒤서거니 느긋하게 걷는다.
다정한 모습이 친한 친구 사이다.

앞서가던 고양이가 뒤돌아 이빨을 드러낸다.
뒤따라가던 고양이는 능청을 떨며 딴척한다.

앞서가던 고양이가 벌러덩 넘어진다.
뒤따르던 고양이도 미끄러져 넘어진다.
아까부터 구경하던 햇님이 빙그레 웃는다.

얼어버린 한강

예년에 비해 보름이나 일찍 얼었단다.
날씨도 각박해지는 마음을 닮아간다.

주먹을 쥐면 쥘수록 주먹도 하얘진다.

뺑카의 세상

세상이 요지경이라 뺑카가 잘 통한다.

만만한 세상이니 가지고 놀면 된다.
뺑카는 상대를 한순간에 제압하기도 하고,
망하기도 하지만 배경만 있다면 문제가 없다.

뺑카는 멋드러진 삶이니 마냥 쳐도 좋다.
뺑카는 아무나 치나 그것도 고급기술이다.
뺑카에 맛 깊이 들이다가 패가망신할지라도,

손가락의 소중함

한 손을 펴본다.
무심히 바라본다.
세다가 울컥한다.

손가락은 다섯 개다.
세다가 중간에 멈춘다.
더 셀 기분이 아니다.

어릴 적 부모님 손가락발가락 다 빌렸지만
숫자를 다 헤아릴 수 없어 세다말다 했다.

이제는 숫자를 알아도 셀 수가 없다.
숫자도 이젠 그만 세는 걸 포기하란다.
전철 안에서 보는 손가락 너무 고맙다.

아버지는 팔칠, 어머니는 일백사,
다정히 다섯끝이신데 나는 망통이다.
장래 나의 숫자는 팔이다.

까망토끼띠 시무식

써늘한 공기가 시간을 가른다. 거울 속의 낯익은 모습 반갑지 않다. 친하긴 한데 파싹 곪았다.

오래된 세월에게 소리를 전한다. 목에 힘이 들어가 있는데 시무식이어서 그런가.

우정의 최고 경지는 지음知音, 지기知己, 동심우同心友란다. 우정은 별 문제고, 세월이 말을 전하게 하는 것 같다. 아들을 회사에 데려다 놓고 일선에서 은퇴구상 중이란다.

늘 호칭이 대감인데 철이 안 들어서 죄송하단다. 궁에 나가는 걸 아니까 그렇게 부르는지도 모른다. 선배에게 여지껏 호칭 하나도 제대로 준비 못 한 걸 보니 공돌이들이 거의 다 그렇고 그런 거지.

오랜만의 만남은 헤어지고 싶어 난리다. 다시 소식 전하자고 하며 말꼬리를 놓는다. 그 꼬리의 길이는 사십 년을 넘은 것 같다.

이것저것 다 허전해진 발길 말길이 갈 곳을 찾는다.

비둘기도 갑질을 한다

비둘기가 보도에서 뒤뚱거린다.
오리걸음이다.
몸통이 뚱뚱해서 균형이 안 맞는다.

모이싸움이 한창이다.
힘 센 놈은 입이 큰데 약한 놈은 깡만 세다.
그래 봤자다 힘 센 놈 차지가 된다.

힘 센 놈 꼴 보기 싫어 쫓아본다.
잠시 후 또 날아들어 갑질을 한다.
동물이나 사람이나 먹을 것엔 아귀다.

평화의 상징이라고 누가 말했냐.

새해에는 판을 키우자

내일은 내일의 태양이 뜬다는 말이 있다.
새해를 맞아 크게 판을 키우고 놀아보자.

새해에는 새해의 태양이 뜬다.
말하라고 있는 입인데 말 못할 게 없다.
보다 큰 포부를 갖는 건 바람직한 일이다.

태양도 쩨쩨하게 어제 오늘 내일 모레라는,
하루짜리 단어에 매어놓으니 기분이 좋을 리 없다.
가슴의 열정을 발산시키지 못해서 얼굴이 빨갛다.

새해엔 붉게 타는 태양과 함께 정열을 불태우자.
그 불 속에서 타올라 재가 되는 한이 있더라도.

해치의 눈

궁궐에는 해치가 버티고 앉아 있다.
궁궐 밖에도 있는데 보는 방향이 다르다.

눈은 마음도 있고 공부도 하고 나이도 먹을까.
느낌이 없으니 그냥 지나치고 황반이 빠지니 나이는 먹지.

어릴 적에 어른들의 시각에 대해 회의를 느꼈지.
옳지 않은 것을 보고서도 그냥 지나쳐버리지.
보았는지 못 보았는지 보지 않으려고 하지.

눈은 비겁하지, 착한 사마리아인이 낫지.
착한 사마리아인의 행동이 바람직하지.

멀뚱멀뚱 뜨고 있다고 눈이라 할까.
맥 빠진 채 보기는 하는지 행동은 마음에도 없는지.

그렇다고 빼놓고 다닐 수도 없으니.

힘없어 서러워하는 눈에게 견뎌달라 응원해주자.

흉보던 눈들도 힘이 빠져서 하품만 한다.

봄

봄이 온단다.
달력에 내일이 소한이란다.

봄이란 단어는 진득하지 못하다.
온다고 온 동네 다니며 짖어댄다.
열등감이 무척 강한 동물이다.

봄은 부드러워야 봄이다.
드센 여자는 감당이 어렵다.

| 제4부 |

부끄럼 타는 태양

태초에 빛이 있기 전에는 모든 생물은 장님이었다.

아침에 뜨는 해는 밤사이 사랑을 마친 후의 선물이다.

지는 해는 뜨거운 사랑을 위한 열정의 마중물이다.

모든 사랑을 지켜보는 태양은 저 혼자 부끄럼을 탄다.

밥 사

박사보다 밥 사가 열세이긴 하지만,
박사보다 밥 사의 인기가 더 높다.

박사는 모기다리의 떨림을 찾아내려 하고,
밥 사는 사람들의 마음을 흔들어 놓는다.

모기들이 난무하는 저녁상을 물리고,
정과 정이 모이는 밥 사를 초대하자.

눈 내리는 풍경

눈님이 춤바람이 나서 춤을 춘다.
새하얗게 화장하고서는 깔깔댄다.

견공들은 발이 시려서 멍멍멍.
돼지들은 신이 나서 꿀꿀꿀.
아이들은 즐거워서 깔깔깔.

노인들은 겁이 나서 벌벌벌,
차량들은 미끄럽다고 설설설,
눈사람만 폼을 잡는다 허허허,

눈님이 하루종일 춤바람이 났다.
새하얗게 화장한 마치 도깨비다.

명자明子

함께 갔던 단성사에 그녀는 아직도 있네.
세월이 흘러가도 명자는 명자로 남아있네.

아주 먼 곳으로 날아간 나의 파랑새.
내가 유명해져야 만날 수 있었던 명자.

명자는 늘 명자지,
이름이 바뀌어도 내겐 명자지.

가봉하러 가는 날

데릴라에게 보여주고 싶은 새 날개옷 가봉하러 간다.
가봉은 어느 나라 이름일까 날개옷을 만드는 나라다.

언젠가는 그녀가 내 가슴에도 날카로운 칼을 꽂겠지.
그 칼날에는 아름다운 꽃잎이 순순히 떨어지겠지.

새 날개옷을 가봉하려고 급행열차 타러 간다.
서두르는 발길이 돌부리에 걸려 자꾸 넘어진다.

풍차가 있는 아침

아침 햇살을 받으며 푸른 목초지가 호사스럽다.
파종한 보리들이 물결치며 푸른 빛이 살아난다.

이색적인 빨간머리의 풍차가 천천히 돌아간다.
그 앞에 서커스에서 봄직한 자전거가 서 있다.

느릿하지만 따뜻한 아침에 봄이 춤을 춘다.
묶인 자전거가 몸을 풀고 천천히 굴러간다.

천국이 싫어요

하늘님, 천국이 있지요?
어떻게 가나요, 가는 사람들이 있겠지요?

심성 고운 사람만은 아니겠지요?
하느님이 이뻐하시면 데려가기도 하겠지요?

요즘 저는 천국에 가기가 싫어졌어요.
하느님의 심부름꾼들이 영 마음에 안 들거든요.

제삿집 대문간의 개

제삿집 대문간에 개가 기웃거린다.
문간에 서있던 아이들이 돌멩이를 던진다.
개는 꿈쩍도 하지 않고 코를 벌름거린다.
아이들 뒤의 청년이 몽둥이를 들고 온다.
몽둥이를 보고도 개는 움직이지 않는다.
휘두르는 몽둥이 맞고 결국 으르렁거린다.

나프탈렌

깨끗하게 사용한 당신 덕분에 참 행복합니다.
나는 일 년 열두 달 깨끗해서 참 행복합니다.
당신은 눈도 코도 손도 깨끗해서 행복합니다.
당신의 웃옷 속에 나프탈렌을 넣어드립니다.
내 옷 속에도 나프탈렌 두어 알을 넣어둡니다.

소래철교

이슬이 맺힌 풀숲을 헤치고 걷는다.
생명은 아무도 모르게 시작되나보다.

제철이 아닌데 말꽃이 화려하게 피어난다.
예쁜 꽃도, 덜 예쁜 꽃도 자랑이 한창이다.
봐달라고 고개를 빼고 흐드러지게 피었다.

철마는 피는 꽃마다 모두 끌어안아 준다.
안아주면서 훌쩍 소래철교를 넘는다.

비빔밥이 진짜 밥맛이다

고추장 된장 집어넣어 비벼댔던 밥이다.
한 입이라도 더 먹으려고 쟁탈전 벌이던 밥이다.
서로 얽히고설켜 새로움을 찾아가자는 밥이다.

그 밥에 그 나물이지만 서로의 이익을 돕자는 밥이다.
배고팠던 시절 식은 보리밥에 푸성귀 썰어넣던 밥이다.
비비자, 일단 비벼야 화합이고 뭐고 생길 것이다.

사랑은 시작이 없는 거야

색동옷 입은 봄은 언제 어디로 가버렸나.
홀딱 벗어던진 여름이 벌써 가고 있네.
스산한 가을 오고 추운 겨울도 곧 오겠지.
날은 저물어가는데 사랑은 언제 하나.
바보야, 사랑은 애당초 시작이 없는 거야.

명령 1호

꽃들의 지엄하신 소집 명령이다.

제목:글쟁이들 긴급소집.

사유:글쟁이들 육신운동 제고 및 포상.

장소:천상 글쟁이 훈련장.

일시:천상원년 모월 모일.

대상:글쟁이 전원(천상글쟁이, 예비글쟁이).

포상:대상, 입상(각 1명).

부상:대상-천상표 잠을쇠, 입상-천상표 채찍.

꽃들이 일제히 일어나는 꽃밭에서.

하늘길

땅에는 땅길,
바다에는 바닷길,
하늘에는 하늘길,

사람에게는 마음길,
사랑이 넘쳐흐르는 길,

오늘 하늘엔 작은 은하수길,
깜장토끼 깡충깡충 뛰어노는 길,

하늘길이 봄맞이로 시끌벅쩍하다.

하늘

비싼 색조화장품 많다고 자랑한다.
밝은 색조의 화장품을 좋아한단다.
그런데 왜 오늘은 회색 일색일까.

친구들이 많이 만나러 찾아온단다.
소통의 대가라서 그렇다고 말은 잘한다.
만나러 온 친구에 따라 화장색이 바뀐다.

밤부터 미세먼지와 눈비를 보낼 거란다.
스스로 알아서 대비하라고 생색을 낸다.
찾아온 친구가 마음에 안 드는 눈치다.

말도 해보지 못하고 성질만 부리려 한다.
참는데 대가라더니 왜 변덕을 부리려 할까.
애꿎은 인간들에게만 발톱선물을 해댄다.

관장하려고 하는지 몸태질이 심하다.

교통순경 어디 있소

매 순간이 아침이다.

키재기가 한창이라 시끌벅적하다.
나는 아침 한시 반이다.
두 시다 세시 반이다.

심신미약자들은 하늘여행을 즐긴다.
항우장사가 초선이 버리고 줄행낭을 친다.
눈치 더딘 체념이 버티고 버티다 혼쭐난다.

매일 아침의 풍경이다.
이 소란을 잠재워줄 교통순경 어디 있소.

사제훈장이라도 드리겠소.
아니 영혼이라도 드리겠소.
내일 아침 교통정리 부탁합니다.

당당하다

당당하다.
당당하다.
당당하다.

웃으며 말씀하시니 신빙성이 크다.
뜸 들이고 말씀하시니 더욱 그렇다.

당당한 걸 당당하다는데 믿어주질 않는다.
국민인지 궁민인지들을 재교육해야 한다.
정치인의 말씀은 가감 없이 믿으시면 된다.

믿으면 마음도 편하고 세상도 조용해진다.
뭣도 모르는 무지랭이들이 의심부터 퍼나른다.
병도 이 정도면 거의 난치병 수준이다.

이 세상에 너 없다면

하늘에 별이 없다면 뭐라고 부를까.
별 없는 하늘.
싱겁다.

하늘에 해가 없다면 뭐라고 부를까.
해 없는 하늘.
할 말이 없지.

하늘에 달이 없다면 뭐라고 부를까.
달 없는 하늘.
달은 이름이 많으니 그중에 하나.

해도 달도 별도 함께 있으니 하늘이라고 부르지.
하나라도 없으면 하늘이라고 부를 수 없지.
부를 수 없으니 허공이라고나 할까.

이 세상에 너 없다면.
그건, 그건, 그건…….

달갑지 않은 선물

새벽 1시 48분.
티브이가 눈과 입 떴다고 소리소리 지른다.
달갑지 않은 짓 하며 서비스라고 우겨댄다.

내일도 이러면 어쩌지, 걱정이 태산이다.
복권을 맞춰 보니 혹시나가 역시나다.
자조 섞인 한마디 나온다, 내 팔자에.

철딱서니 없는 티브이는 염장만 지른다.
허영만의 백반기행 한우특집이란다.
업진살, 우삼겹, 살치살, 제비추리…….

귀한 부위라는데 누가 알려 달랬나.
쇠고기 많이 처드시든지 먹든지 하시라.
잠만 설친 하루가 빨건 눈을 부라린다.

냉장고 속의 삼겹살만 내 마음을 달래준다.
어젯밤에 해치운 쐬주가 마냥 그립다.

덫에 치인 꿈

누가 놓았을까.
매일 덫에 치인 삶을 산다.
새벽같이 눈 떠지니 선각자일까.

모자라면 채우면 된다고 한다.
채우기는커녕 육체와 정신만 갉아댄다.
신경만 날카롭게 벼르고 있다.
누군가 걸려만 봐라.

눈 떠지면 떠지는 대로,
졸리면 졸린 대로,
살고 싶으면 싶은 대로 살고 싶다.

세상 떠나면 영원히 자는 게 잠이란다.
잠 적다고 푸념 말고 행복하다 말해주자.

내가 못 잔 잠, 날지 못하게 묶어왔던 꿈.
필요한 사람에게 아낌없이 나누어 주자.
예쁘고 신나게 날 수 있도록 날개옷 사주자.

| 제5부 |

방하착防下着

새해 들어서도 흔들흔들 위세가 당당하다.
그냥 있으면 심심해서일 테니 그럴 수 있지.
티비가 신이 나서 꼭두새벽에 잠을 깨운다.

오늘은 강화도에서 지진이 발생했다고 한다.
화들짝 깨고 보니 봉두난발 한 꼴이 우습다.

인간들의 춤사위가 멋지게 보였나 보다.
잠꾸러기 지진도 잠을 깨서 흔들어댄다.
굿거리장단을 추려나 보다, 덩더쿵이다.

입 있어 입이 아니요 막 벌리면 걸레란다.
모임도 입이 많으니 발이 집에서 쉬란다.

쉼의 미학을 입도 몸도 땅덩어리도 모른다.
흔들거림은 땅심일까요 사람의 마음일까요.
둘 다 아니지, 콜라텍의 신나는 음악일 뿐이지.

사랑은 이별은

아직도 못 이룬 사랑이 남아있을까.
못 헤어진 이별과의 이별도 남아있었나.

남아있어야 할 것은 남아있지를 않고
잃어버려야 될 것도 잃어버리지 못하네.

욕심의 그릇은 크기도 해라.
사랑은 꿈꾸고 이별은 마구마구 버리란다.

밝아오는 아침이 기겁을 하고 줄행랑친다.

원초적 삶

즐겁기 위해 생각하고 행동하자.
자제도 무리도 불필요하다.
태초의 인간처럼 자연스럽게 살자.

삶의 향기가 남아있을 때 즐기자.
해 저문 저녁 굴뚝 위 연기는 되지 말자.
울며불며 매달리는 삶은 사양하자.

눈치 보며 살아왔던 삶 지겹지도 않더냐.
쉬엄쉬엄 생각하며 삶을 농익여 내자.

아지불아我之不我-나를 찾아서 나답게 살자.

혈로를 뚫자

대동맥을 뚫으려는 사람을 입 모아 욕을 해댔지.
보이는 것도 보지 못하는데 앞날은 더욱 모르지.
참새가 대붕의 마음도 모르고 설쳐대는 품이다.

눈뜨면 새로운 길이 태어나니 대단한 힘이다.
자다가 보니 처음으로 북항터널을 지나왔다.
눈 뜨고 어리벙벙, 눈뜬장님이나 다름이 없다.

새로운 것에 겁나니 정말 꼰대가 되나보다.
탈피하자, 나는 꼰대가 아니고 젊은 오빠다.
매일 매일 마음에 새로운 길을 내며 살자.

동행할 수 있도록 한 맺힌 마음도 뚫어주자.

소박한 꿈

욕심 많으면 꾸는 게 꿈이란다.
꿈 이루려고 꾸는 게 꿈이란다.
꿈이 크면 세금도 많이 낼까요.

아침엔 꼭 커피 드시고 오세요.

귀뚜라미 노랫소리

귀뚜라미 노랫소리 들려온다.
겨울이고 대한이 낼모레인데.

토끼귀를 하고 계속 들어본다.

귀뚜라미 노랫소리가 잦아든다.
평생 느끼지 못한 연륜의 소리다.

걸찍한 말님 만세다

걸찍한 말들이 세상을 도배질하며 날아다닌다.
자랑스럽게 말들 하는데 말인지 소인지 모른다.
사전에도 없는 신조어들인데 이해하기 어렵다.

어른, 아이, 여자, 남자, 안 가리고 이구동성이다.
세종대왕은 안목이 높으셔서 예측하셨을 것이다.

대왕님 소왕님 그렇게 웃지만 마시지요.
울어도 시원치 않으실 텐데 왜 웃으시나요.
한 말씀 하시네, 편작이 대붕의 마음 어찌 아냐고.

허물 못 벗는 겁쟁이

노을이 질 때면 지금도 돌아가신 엄마 생각이 난다.
관악산으로 땔나무 하러 가신 엄마를 기다리곤 했다.
운이 좋으면 엄마가 먹을 것을 가져다 주시곤 했다.

저녁이 되면 엄마 생각과 먹을 것이 오버랩 된다.
엄마가 그리운 건지 먹을 게 그리운 건지 모른다.
기다리는 마음이 외로움을 이기게 했는지 모른다.

밤이 되고 달이 뜨면 무섭고 오금이 저린다.
담 하나를 사이에 두고 공동묘지가 있어서다.

소복 입은 여자가 묘지에서 울 때도 있다.
무언가를 태우면서 우는 모습은 처연하다.
한 많은 사연이 그녀를 이끌어 왔을 것이다.

보름달이 뜨면 그 모습이 자꾸 생각난다.
겁쟁이가 된 게 그냥 된 것이 아니다.
머리카락이 곤추선다는 걸 그때 느꼈다.

〉

노을은 겁쟁이를 더욱 겁쟁이로 만드나 보다.
누군가 곁에 있어 주기를 늘 바라고 바란다.
겁쟁이는 커도 겁쟁이티를 벗지 못하나 보다.

못생긴 내 발

참 못생긴 발인데 내가 만든 발이다.
나도 모른 채 새삼 쳐다보니 그렇다.

삐뚤빼둘 휘어진 채 말 못하고 고생한다.
잘난 주인은 뭐가 잘났는지 발탓만 한다.

내 발은 어느 정도의 무게를 지탱할까.
온몸을 지탱하니 체중 이상일 것이다.

이제라도 고생한 발에게 사랑을 보내자.
고생해왔고 앞으로도 고생할 내 발에게.

커피하우스

때 없이 잠이 깨서 커피하우스 생각난다.
지하층에 옹기종기 많이들 몰려 있었지.
색색의 연기가 어우러져서 춤도 추었지.

잡혀갈라, 천기누설을 하고 있네.
그 연기 속에 꿈도 사랑도 내일도 있었지.
동네 전화방도 연락처 노릇 톡톡히 했지.

누가 잘 가고 맛이 어떻고 참새들 잔치.
소위 레지와 마담의 품평회도 열렸지.
경을 칠 농담도 공동 엉덩이도 있었지.

임금이 드셨던 커피의 풍미는 어디 갔을까.
맛은 현란해지고 맛의 주인공들도 젊어지고.
한 잔 시키려고 하다가 배포가 혼쭐나버렸지.

기계치가 돼서 우물쭈물, 배달은 언감생심.
기계가 천둥 치면 엉덩이를 들고 일어난다.
인사를 드린다, 감사하나이다 불러 주셔서.

철없는 아침

아침은 늘 철없는 어린아이처럼 찾아온다.
오늘 아침은 방구들 귀신과 씨름 중이다.
박카스신과 악수한 다음날엔 질투가 심하다.

질투할 게 따로 있지, 이 구이신아 좀 놔주라.
고마운 방구들 귀신에게 애교 섞인 멘트다.

알아들으면서도 못 들은 척 허리를 껴안는다.
나도 좋지롱 오랜만에 그대 허리 안아보니.
속도 좀 풀어주라, 라면 끓여주겠단다.

뒤비진 속이 눈님을 보며 한바탕 웃어댄다.
뒤틀린 창자는 빨리 보내라고 보채고 있다.
젓가락을 들고서 철없는 아침을 달래본다.

지가 철이 없으면서 아침이 철없단다.
오늘은 철없는 아침과 나를 맞이한다.

고향으로 떠날 채비를 하자

홀가분하게 툭툭 털고 고향길을 가보련다.
기다려 주지도 오라지 않더라도 갈 것이다.
가보지 않은 그 길은 물어물어 가면 된다.

길 떠나기 전 매일 매일을 즐기며 살 거다.
아침이 빨리 와도 웃으면서 맞이할 거다.

발걸음 가볍도록 매일매일 빚을 갚는다.
이자를 붙여서 갚더라도 모자랄 것이다.
힘이 부치고 지친다면 고향 가서도 갚겠다.

가는 길에 꽃씨라도 훌훌 뿌리면서 가련다.
언제 갈까요 준비가 되었으니 불러만 주세요.

따뜻한 나라에 가서 살련다

어김없이 잰걸음 쳐대면서 아침이 온다.
날카로운 이빨과 발톱을 드러내 보인다.
몸이 웅크리는 것은 지난날의 응보이다.
따뜻하게 찾아와 주기만을 바랄 뿐이다.

내일은 대한, 글피는 명절, 보름 후엔 입춘.
명절에는 조카도 봄을 데리고 입국한다.

나도 이제는 따뜻한 나라에 가서 살련다.
조국에 남아야 할 어떠한 이유도 없다.
희망사항일지 현실일지는 조카마음이다.

껍질 벗는 게를 바라보며

나무는 낙엽이 져야 새 삶의 나이테를 갖는다.
게도 얇은 껍질을 벗어야 새 껍질을 입는다.
옛것을 버리고 새로워져야만 살아갈 수 있다.

인간은 사회적인 동물이기에 혼자 살 길은 없다.
그 길 위에는 원수들이 이를 갈며 자리 잡고 있다.
나의 삶도 행복도 타인의 삶과 연계되어 있다.

인간은 나이 들고 치매에 걸려도 살아갈 수 있다.
원수의 행복도 존재도 인정하기 때문일 것이다.
인간이 짊어지고 가야만 할 숙명적인 멍에이다.

새로운은 아파야만 하나

따뜻한 절기인 대한이 오늘이다.
어젯밤부터 봄맞이 비가 왔다.
보름만 있으면 입춘이 찾아온다.

내일부터는 동장군 시즌이란다.
봄 맞으려면 추위를 타야만 하나.
새로움은 왜 늘 아파야만 할까.

아프지 않으면 새로움이 아닌가.

무게

어제 불던 바람 오늘도 분다.
어제 내린 눈 오늘도 내린다.
어제 오신 비 오늘도 오신다.

수시로 보내주시는 은총이시다.
은총의 무게가 무겁기만 하다.

세월 먹은 나이들만 새털이다.
바람에 실려 갈 가벼움이다.
삶이기에 느껴야 되는 무게다.

의무Duty, 명예Honor, 조국Country

웨스트 포인트의 모토다.

삶은 여유이고 쫓거나 쫓아다니지 말라.
자제할 필요도 무리할 필요도 없다.

무시당했다 해서 어린아이 된 것은 아니다.
무시했다고 해서 어른이 된 것도 아니다.

한 사람 좋아함이 국가에 대한 충성이다.
공기도 마음도 나눠 먹는 것이 사랑이다.

세밑에서

어쩔 수 없어도 맞이해야 될 세밑이 오늘이다.
계절이 번쩍 정신을 차리라고 영하 10도란다.

과거는 과거이고 미래는 오지 않은 불확실함이다.
중요한 건 현재이니 현재에 충실하라는 것이다.

삶이 너는 무엇 했냐고 말을 걸어온다면 어떻게 할까.
그냥 부끄러워서 도망칠까, 아니다, 당당하게 외쳐라.

현실에 얻어터지고 살지만 아직 무릎은 살아있다고.
군자는 불기君子不器란다.

원단元旦

민족의 명절인 음력 정월 초하루다.
몸도 마음도 여유가 있는 날이란다.
떡국 많이 먹은 세월은 배가 불렀다.

그런데 녀석이 정말로 시샘이 많다.
마음 맞는지 내 친구들을 소집했다.
명절이 아이들만의 놀이날이 됐다.

세월과 생각들만 들고나며 신이 났다.
선머슴 같은 녀석들 붙잡아 길들이자.
낯섬을 편안함으로 아주 바꿔버리자.

찡그리고 우거지상 할 이유가 없다.
성형외과 찾아갈 해치도 사라졌다.
콧구멍도 이제는 숨을 쉴 것이다.

세월이란 녀석 만나면 한마디 할 거다.

넌 어제 내 친구 데려다 잘 놀았니.
재미있었니, 나는 너보다 젊어질 거다.

꽃길

꽃길이 예쁘다.
누구나 걸으려고 하지요.
왜 만들 생각은 안 할까요.
업혀 가는 것이 좋아서지요.

꽃길을 쓰네요.
그 사람 마음은 어떨까요.
왜 쓸어버려야만 할까요.
사랑을 잃어버려서지요.

꽃길은 언제 열릴까요.
그 길을 누구와 걸어보나요.
봄이 오면 활짝 열릴 거예요.
예쁜 사람이 손을 내밀 거예요.

|해설|

자성自省의 방향과 풍자적諷刺的 인식

—임성순의 시세계

백인덕 | 시인

1.

시적 정의와 관련해서 그 역사가 '오류의 역사'임을 통찰한 것은 지난 세기 초반, 미국계 영국 시인 T. S. 엘리엇이었다. 이 말은 시를 완벽하게 정의할 수 없다는 의미의 불가능성을 설파한 것이 아니라, 시가 구체적인 개인에 따라, 그 시대와 현실에 따라, 역사의 단계에 따라 상호 영향 관계 안에서 무한정 다르게 정의될 수 있다는 의미였다. 오늘, 한국 시단은 풍부한 시인의 수數만큼이나 다양한 시적 정의가 존재한다. 그 양상을 일일이 열거하는 것은 불가능하고 유의미한 작업이 될 가능성도 거의 없다. 따라서 시인 각자의 다양성을 인정하면서 유사성을 찾되 동일화하려는 의도를 버려야만 한다.

하이데거에 따르면, "동일성은 항상 차이의 부재 상태로 움직여간다. 그래서 모든 것이 공통의 이름으로 환원된다. 이와는 대조적으로 유사성은 차이를 경유經由하여 모임으로써 서로 다른 것이 한 부류에 속하게 된다." 즉, 비슷해 보이지만 각기 다른 개성으로 열린 채 모여있을 수 있다.

하늘이다 땅이다 바다다.
온 세상을 비춰준다.

독수리다 적토마다 흰수염고래다.
날개옷도 입혀준다.

생명이다 희망이다 꿈길이다.
살아보라 힘을 준다.

—「색경」 전문

임성순 시인은 첫 시집에서 '거울'을 통해 '동일성과 유사성의 차이'라는 시적 인식의 맹아萌芽를 보여준다. 시인은 '색경'이라 표기하고, '거울의 방언'이라는 주註를 달았는데 비록 무의식의 발로라 해도 거울의 구조와 이번 시집 전반에 걸쳐 드러나는 시적 인식과 관련해서 깊은 의미를 함축하고 있다. 거울은 반사면의 이면裏面이 닫혀 있지 않으면 상像을 되비추지 못한다. 인용 작품의 1연이 '온 세상', 즉 색경이 비출 수 있는 실제를 드러낸다면, 2연은 시인 자신을 비췄을 때의 상상, '독수리, 적토마, 흰수염고래' 같은 이상형理想型이라 할 수 있다. 3연은 이 이상형에 시인이 부여하는 가치, '생명, 희망, 꿈' 등이 배치되어 있다. 그러나 이 모든 것을 담을 수 있는 '거울'은 닫혀 있는 구조이기 때문에 가능한 것이다. 물론 투명한 '창窓'이라면 시는 다른 방식으로 전개되었을 것이다.

비싼 색조화장품 많다고 자랑한다.
밝은 색조의 화장품을 좋아한단다.
그런데 왜 오늘은 회색 일색일까.

친구들이 많이 만나러 찾아온단다.
소통의 대가라서 그렇다고 말은 잘한다.
만나러 온 친구에 따라 화장색이 바뀐다.

밤부터 미세먼지와 눈비를 보낼 거란다.
스스로 알아서 대비하라고 생색을 낸다.
찾아온 친구가 마음에 안 드는 눈치다.

말도 해보지 못하고 성질만 부리려 한다.
참는데 대가라더니 왜 변덕을 부리려 할까.
애꿎은 인간들에게만 발톱선물을 해댄다.

관장하려고 하는지 몸태질이 심하다.

—「하늘」 전문

시인은 지금 순수한 대상으로 '하늘'에 대해 발화(시작, 詩作)하고 있는가. 일반적으로 '하늘'을 경외의 눈으로 바라보면서 그 변화를 포착하는 사람들에게 인용 작품의 내용은 '조화造化'의 한 표현으로 보일 것이다. 그러나 시인은 '하늘'을 대상으로 한다고 표면에 드러내지만, 유사성에 기대 '인간'의 이야기를 하는 것으로 보인다. 1연의 '~ 자랑한다', '~ 좋아한단다' 같은 간접화법이 그렇고, "밤부터 미세먼지와 눈비를 보낼 거란다./스스로 알아서 대비하라고 생색을 낸다./찾아온 친구가 마음에 안 드는 눈치다."라는 3연의 내용에서 확연해진다. 시인은 자연 자체를 시적 대상으로 삼지 않는다. 그는 자연과 인간의 유사성을 찾아내 뒤섞어 표현함으로써 시를 문면文面 너머로 끌어가고자 한다. 가령, 「봄망녕 드셨슈」에서 "인간에게는 왜 팔이 두 개 있어야 해요."라는 질문에 "여자의 팔 하나는 어린아이를 어르라고/다른 팔은 남자를 달래주라고 준 것이다."라는 대답을 듣고 "조물주가 여자로 바뀌었다"라고 탄식하는 데서 이런 수법이 극적으로 드러난다.

주지의 사실이지만, 인간은 사회적 동물이다. '동물'이기 때문에 생물학적인 기본 욕구, 흔히 '본능'이라 부르는 한계를 벗어날 수 없다. 생명으로서 한 개체의 본능은 크게 '자기보존'과 '종족보존'이라는 두 가지 목표로 구분된다. 여러 분야의 세부적 차이를 무시하고 축약하면 '식욕食慾과 성욕性慾'이 바로 동물적 활동의 근간根幹이 된다. 하지만 이 '동물'은 '사회'라는 울타리 안에서만 비로소 단순히 살아 숨 쉬는 한 개체가 아니라 실존의 양태에 휩싸인 '존재'가 된다. 그는 자기 '정체성identity'과 인격체로서의 '성격personality'을 추구한다. 사회는 언어 활동을 근간으로 선험적으로 존재한다. 따라서 언어는 존재의 '집'이자 '짐'이라는 이중성을 갖는다.

누가 놓았을까.
매일 덫에 치인 삶을 산다.
새벽같이 눈떠지니 선각자일까.

모자라면 채우면 된다고 한다.
채우기는커녕 육체와 정신만 갉아댄다.
신경만 날카롭게 벼르고 있다.
누군가 걸려만 봐라.

눈 떠지면 떠지는 대로
졸리우면 졸리운 대로
살고 싶으면 싶은 대로 살고 싶다.

세상 떠나면 영원히 자는 게 잠이란다.

잠 적다고 푸념 말고 행복하다 말해주자.

내가 못잔 잠, 날지 못하게 묶어왔던 꿈.
필요한 사람에게 아낌없이 나누어 주자.
예쁘고 신나게 날 수 있도록 날개옷 사주자.

—「덫에 치인 꿈」 전문

시인은 일상의 비극을 적나라하게 드러낸다. "누가 놓았을까./매일 덫에 치인 삶을 산다./새벽같이 눈떠지니 선각자일까."라는 1연의 내용은 반문反問이 아니라 절규에 가깝다. 현대사회는 구조적으로 일상의 비극을 내장하고 있다. 우리가 평화로운 일상이라고 믿는 날들은 사실, '단순성, 자동성, 반복성'이라는 세 가지 특질로 촘촘하게 짜인 쳇바퀴와 같다. 모 방송의 '나는 자연인이다' 같은 방송이 중년 이상 남성의 로망을 대표하는 프로그램으로 확고하게 자리했다는 것은 단순히 신기한 사실이 아니다. 일상의 비극은 '노동하는 존재'의 상태에서만 그 속성이 작용하는 것이 아니라는 데 있다. 시인은 "눈 떠지면 떠지는 대로/졸리면 졸리는 대로/살고 싶으면 싶은 대로 살고 싶다."라고 희망한다. 하지만 이 바람이 '덫에 치인 꿈'이 되고 마는 것은 새벽같이 떠지는 '눈', 즉 개인의 습관만이 온전한 이유인 것은 아니다.

2.

임성순 시인의 이번 시집에는 '풍자적 인식'을 바탕으로 제작된 작품들이 다수 보인다. 풍자의 사전적 의미는 "문학 작품 따위에서, 사회의 부정적 현상이나 인간들의 결점, 모순 등을 빗대어 비웃으면서 비판함."으로 되어 있다. 주지의 사실이지만, 시에서 풍자의 가치는 선택된 대상의 적절성과 비판의 강도가 아니라 그 철저성에 있다.

궁궐에는 해치가 버티고 앉아 있다.
궁궐 밖에도 있는데 보는 방향이 다르다.

눈은 마음도 있고 공부도 하고 나이도 먹을까.
느낌이 없으니 그냥 지나치고 황반이 빠지니 나이는 먹지.

어릴 적에 어른들의 시각에 대해 회의를 느꼈지.
옳지 않은 것을 보고서도 그냥 지나쳐버리지.
보았는지 못 보았는지 보지 않으려고 하지.

눈은 비겁하지, 착한 사마리아인이 낫지.
착한 사마리아인의 행동이 바람직하지.

멀뚱멀뚱 뜨고 있다고 눈이라 할까.
맥 빠진 채 보기는 하는지 행동은 마음에도 없는지.

그렇다고 빼놓고 다닐 수도 없으니.
힘없어 서러워하는 눈에게 견뎌달라고 응원을 해주자.
흉보던 눈들도 힘 빠져서 하품만 한다.

—「해치의 눈」 전문

해치獬豸는 그 자체로 "시비是非나 선악善惡을 판단하여 안다는 상상의 동물"이다. 시인은 여기에 '마음의 창'이라는 의미로 속마음의 반영反影으로써 '눈'을 덧붙여 그 의미를 강조한다. 작품은 고대의 해치, 즉 '궁궐'의 '안과 밖'에 배치된 해치를 "세워놓은 사람의 의지"와 연결하여 드러낸다. 일설에는 들어올 때나 나갈 때나 역심逆心을 품지 말라는 의미에서 정면에서 마주 보게 배치했다고 한다. 시인은 이 직접 대상에서 "어른들의 시각", 즉 기성관념에 대한 '회의'를 끌어내고 '착한 사마리아인'이라는 윤리적 딜레마를 소환한다. 이어 '눈(마음)'보다 '행동'의 중요성을 강조하는데, "멀뚱멀뚱 뜨고 있다고 눈이라" 할 수 없고, "옳지 않은 것을 보고서도 그냥 지나쳐버리"는 데는 눈이 없는 것과 마찬가지라고 비판한다.

시인은 다른 작품, 가령 「까망토끼띠 시무식」에서 "우정의 최고 경지는 지음知音, 지기知己, 동심우同心友란다. 우정은 별문제고, 세월이 말을 전하게 하는 것 같다. 아들을 회사에 데려다 놓고 일선에서 은퇴구상 중이란다."라고 한 세태를 비판한다. '지음, 지기, 동심우' 같은 고전적 가치가 말 그대로 말뿐인 가치로 변질된 세태를 견디지 못하는 것이다. 그러나 세태를 견디지 못한다고 해서 시인이 더 큰 좌절과 시련으로 스스로 몰고 가는 것은 아니다. 앞에 인용한 작품에서 "내가 못 잔 잠, 날지 못하게 묶어왔던 꿈/필요한 사람에게 아낌없이 나누어 주자."라고 다짐도 하고, 다른 인용 작품에서 "힘없어 서러워하는 눈에게 견뎌달라고 응원을 해주자."라고 다독인다. 즉 시인은 세태를 비난하는 것이 아니라 비판의 힘으로 그 본질의 가치를 시인 아닌 타자를 통해서라도 회복하고자 기도企圖한다. 이는 시인에게 일종의 '방하착放下着'인 셈이다.

유사성이 비교와 대조의 기반이 되는 것처럼 풍자는 해학諧謔과 어우러질 때 그 진정한 가치를 드러낸다. 시에서 최고의 풍자란 결국 자신의 허위의식을 드러내고, 내가 남과 다르지 않음을 인정하면서 낮아질 때 성취되는 것이기 때문이다.

개봉관 준개봉관을 제외한 거의 모든 극장에 동시상영 조조할인이라는 프랭카드가 걸려 있었지. 삼국지를 즐겨 읽던 어린 시절에 조조는 왜 극장에서 할인을 하는지 궁금하기도 하고 당황하기도 했었지.

꿈 많고 호기심이 많았던 어린 시절 조조할인으로 동시상영 두 편을 보고 또 볼 수 있다는 것은 횡재도 그런 횡재가 없었지. 때론 동네 형들을 따라 몰래 극장에 숨어 들어가기도 했고, 낯 모르는 어른들에게 같이 손잡고 들어가 달라고 애원도 했었지.

새벽 공동수돗가에 모여 졸린 눈 비벼대며 어제 본 영화얘기를 했지. 그 당시 서부영화가 많이 나와서 서부왕자 케리쿠퍼, 바드랑카스타, 하고 노래도 부르곤 했지, 영웅이지, 나도 그런 사람 되고 싶었지.

그렇게 조조가 새벽부터 어린아이들을 꾀던 꿈같던 시절은 지나갔고, 이제 늙고 꼬부라진 몸과 마음만 남아있지만 재미난 기억이지. 어라, 유비와 제갈량은 어디로 가고, 관운장은 한의원에서 침을 맞고 있나 보다.

—「조조가 극장에서」 전문

유년을 기억을 주제로 한 많은 작품에서 시인은 개연성蓋然性이 농후한 서사들을 통해 시인의 풍자적 면모를 잘 드러내고 있다. '조조할인'이 "早朝割引", 즉 "영화관에서 오전 시간대, 주로 첫 회 한정으로, 입장하는 사람들에게 입장 요금을 할인해 주는 행위를 뜻한다. 조조는 이른 아침을 뜻한다."라는 의미는 모르지만, 삼국지의 내용을 알기 때문에 간웅奸雄 조조를 연상한 것은 '재미난 기억'이지만 시인의 시대와 현실에서 충분히 의미를 형성할 수 있다. 지금은 아예 한자를 가르치지 않고, RPG 속 '조조'는 영웅이 되어버렸기에 이 시대는 생산할 수 없는 해학적 내용인 셈이다.

3.

이번 시집에서 임성순 시인의 성찰 방향은 표면적으로는 '현실과 시대'를 향해 있는 것처럼 보인다. 「똥통 세상」에서는 "겉만 깨끗하다고 해서 깨끗한 게 아니지. 내공이 깊지 않으면 사람들이 겉모습에 홀려버리지. 함께 똥통 속으로 빨려 들어가지. 스스로 똥의 포로가 되어 황홀경에 빠져버리지." 라고 세상을 경계한다. 그 대척점에 '기억과 상상'이라는 대지 위의 나, 즉 "어머니의 몸이고 마음이었던 낡은 은비녀,/남대문 전차정류장에서 어느 놈이 채갔지.//묘소 찾을 때마다 사다 드릴 걸 때늦은 후회,/자식의 미안한 마음을 은비녀라고 받아주세요."(「어머니의 은비녀」)라고 '낭패스러움'을 통해서나마 화해하는 자세를 세움으로써 상쇄한다. 그래서 시인은 "나무는 낙엽이 져야 새 삶의 나이테를 갖는다./게도 얇은 껍질을 벗어야 새 껍질을 입는다./옛것을 버리고 새로워져야만 살아갈 수 있다."(「껍질 벗는 게를 바라보며」)라는 인식에 도달하게 된다.

나는 팔십을 바라보는 늙다리 돼지다.
적당히 꼰대질을 하지만 영혼은 자유롭다.
정의를 찾는 척하면서도 적당히 비겁하다.

나는 서정시인이고 자칭 저항시인이다.
어느 한쪽에 치우치기도 끼어들기도 싫다.

간섭에 반항하다가 때마다 얻어터진다.

슬리퍼 발가락에 끼고 까딱까딱 춤추러 간다.
땅바닥이든 방바닥이든 대침으로 그림을 그리는,
내 뜨거운 가슴은 지구를 살만큼 엄청 비싸다.

—「나는·1」 전문

조화이거나 심술인 하늘을 바라보며 '색경(거울)'을 통해 '상像을 비추는 데서 출발해 시인은 그럴듯한 '자화상'이 아니라 '나는~'이라는 명제로 이번 시집을 닫는다. 이 작품에서 드러나는 정의는 "인간은 사회적인 동물이기에 혼자 살 길은 없다. (…) 나의 삶도 행복도 타인의 삶과 연계되어 있다."(「껍질 벗는 게를 바라보며」)라는 인식을 바탕으로 하여 "나는 서정시인이고 자칭 저항시인이다./어느 한쪽에 치우치기도 끼어들기도 싫다"라는 자기 선언으로 끝맺는다. 일찍이 프랑스 시인 C. P. 보들레르는 "감옥에서는 시는 폭동이 된다. 병원의 창가에서는 쾌유에의 불타는 희망이다. 시는 단순히 확인만 하는 것이 아니다. 재건하는 것이다. 어디에서나 시는 부정不正의 부정否定이 된다."라고 확언한 바 있다. 이른바 '심미파審美派'의 시는 아름다운 언어로 아름다운 정서를 아름답게 형상화하는 것이라는 시론을 혁파革罷하기 위해 ' 부정不正의 부정否定'인 시를 강조한 것이다. 이제 첫 시집을 상재하는 시인에게 이 이야기를 강조하는 이유는 시인이 작품에서 "인간이 짊어지고 가야만 할 숙명적인 멍에"(「껍질 벗는 게를 바라보며」)를 언급했기 때문이다.

참 못생긴 발인데 내가 만든 발이다.
나도 모른 채 새삼 쳐다보니 그렇다.

삐뚤빼둘 휘어진 채 말 못하고 고생한다.
잘난 주인은 뭐가 잘났는지 발탓만 한다.

내 발은 어느 정도의 무게를 지탱할까.
온몸을 지탱하니 체중 이상일 것이다.

이제라도 고생한 발에게 사랑을 보내자.
고생해왔고 앞으로도 고생할 내 발에게

—「못생긴 내 발」 전문

시인은 "참 못생긴 발인데 내가 만든 발"임을 긍정한다. 시인은 팔순의 바라보는 육신의 연륜에서 자신의 내면과 시대와 현실을 서로 비추게 하는 존재로서 또 다른 일반적이지 않은 '숙명적인 멍에'를 스스로 짊어졌다. 시인의 시는 "어느 정도의 무게를 지탱할까." 지금으로서는 확인할 바 없으니, 큰 기대를 걸어볼 수밖에 없다.